60

1894 - Décembre - 8

Tableaux

ET

Pastels

PAR

ANDRÉ SINET

PARIS

1894

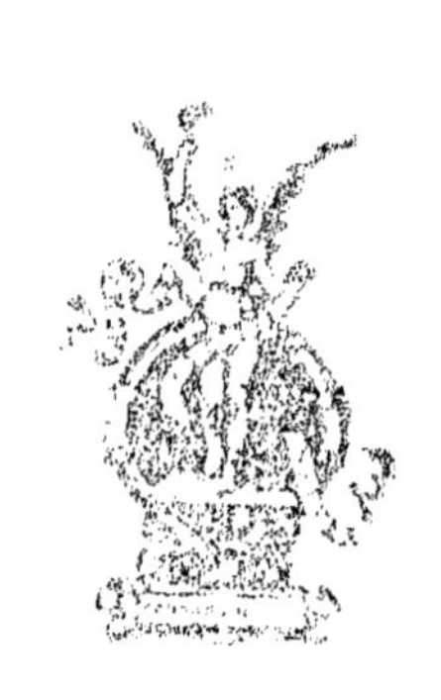

CATALOGUE

DE

60

Tableaux

ET

Pastels

PAR

ANDRÉ SINET

DONT LA VENTE AURA LIEU

HOTEL DROUOT, SALLE N° 6

Le Samedi 8 Décembre 1894

à trois heures

<table>
<tr><td>COMMISSAIRE-PRISEUR
Me PAUL CHEVALLIER
10, rue de la Grange-Batelière, 10</td><td>EXPERT
M. DURAND-RUEL
16, rue Laffitte, 16</td></tr>
</table>

EXPOSITION PUBLIQUE

Le Vendredi 7 Décembre 1894, de 1 h. 1/2 à 5 h. 1/2

CONDITIONS DE LA VENTE

Elle sera faite au comptant.

Les acquéreurs payeront *cinq pour cent* en sus des adjudications.

Paris. — Imp. de l'Art, E. Moreau et Cie
41, rue de la Victoire

ANDRÉ SINET

Parce qu'on fait de la peinture, ce n'est pas toujours une raison pour qu'on soit un peintre. En revanche on peut être peintre même avant d'avoir fait de peinture. André Sinet est dans ce dernier cas. On devine à sa façon si personnelle de voir la nature que, dès son enfance, il l'a étudiée sous tous ses aspects et pour ainsi dire retournée dans tous les sens.

Lors de l'exposition de ses œuvres à Paris où elles ont fait sensation, on l'a qualifié de « mondain » et aussi de « Parisien ». C'est là un éloge qui est en même temps une injustice. André Sinet est surtout un sincère, et, s'il se fait Parisien quand il peint des Parisiennes ou des sites croqués dans le Bois de Boulogne, il est on ne peut plus Anglais quand il nous montre des vues de Regent's Park ou de Rotten Row.

Il trouve parfois des effets spéciaux de transparence et de lumière, mais à coup sûr il ne les cherche pas, n'appartenant d'ailleurs à aucune école non plus qu'à aucune secte. Son talent n'est ni académique ni impressionniste, à moins que ce mot ne s'applique à tous ceux qui rendent loyalement leurs impressions, sans parti pris de se singulariser ou d'ébaubir le public.

Le mouvement le plus familier est pris sur le fait avec un accent de vérité qui étonne, tant il est imprévu. Une jeune femme à demi soulevée sur son lit prend sur le guéridon le morceau de sucre dont elle va sucrer son thé du matin. Cette action si simple aurait certainement fourni à un peintre vulgaire l'occasion de déployer les grâces du bras et les courbures des doigts de la belle petite. Avec Sinet nous avons toute autre chose. La jeune éveillée a un livre à la main et on comprend qu'elle se dit :

« J'ai lu trop longtemps, mon thé refroidit. Buvons-le. »

Et la main au bout du bras vivement tendu tient le morceau de sucre entre le pouce et l'index, sans aucune préoccupation coquette ou prétentieuse.

Presque tous ses personnages, dans les portraits comme dans les études, sont saisis au moment où ils poursuivent une pensée que le peintre pénètre et qu'il rend avec une étonnante sagacité d'interprétation.

C'est de cette faculté de perception que naissent les œuvres durables et solides. Et cette perspicacité dont témoignent les portraits d'André Sinet, nous la retrouvons dans ses paysages. J'ai longtemps regardé, dans le petit atelier qu'il a installé à Londres, des tapis de verdure printanière où il semble qu'on voie pousser l'herbe. Il a des pastels grands comme deux fois la main, dont l'horizon paraît infini.

Beaucoup voient, aiment et admirent la nature. André Sinet est de ceux qui ont le don de la faire parler.

HENRI ROCHEFORT.

DÉSIGNATION

TABLEAUX

1 — *Batignolles-Clichy-Odéon*.

Signé à droite.

Haut., 26 cent.; larg., 18 cent.

2 — *Piccadilly (Londres)*.

Signé à droite et daté 93.

Haut., 51 cent.; larg., 31 cent.

3 — *Le Tapis vert (Aix-les-Bains)*.

Peinture à l'essence et pastel.

Signé à gauche et daté 92-93.

Haut., 63 cent.; larg., 53 cent.

4 — *Le Repos*.

Étude.

Signé à gauche et daté 89.

Haut., 13 cent.; larg., 21 cent.

5 — Esquisse pour le portrait d'*Yvette Guilbert*.

Signé à droite.

Haut., 27 cent.; larg., 14 cent.

PASTELS

6 — *Le Lever*.

Signé à gauche et daté 92.

Haut., 32 cent.; larg., 23 cent.

7 — *La Tasse de thé*.

Signé à gauche et daté 92.

Haut., 27 cent.; larg., 41 cent.

8 — *Petite Villette-Champs-Élysées*. *(Hiver.)*

Signé à droite et daté 92.

Haut., 25 cent.; larg., 23 cent.

9 — *Spleen*.

Signé à droite et daté 91.

Haut., 25 cent.; larg., 23 cent.

10 — *L'habilleuse*.

Signé à gauche et daté 92.

Haut., 26 cent.; larg., 20 cent.

11 — *Regent's Park*.

Signé à gauche et daté 93.

Haut., 24 cent.; larg., 31 cent.

**12 — *Entrée du Bois de Boulogne ;
Effet du matin.***

Signé à gauche et daté 92.

Haut., 38 cent.; larg., 31 cent.

13 — *Dans les coulisses du cirque.*

Signé à gauche et daté 91.

Haut., 31 cent.; larg., 17 cent.

14 — *Le Jardin.*

Signé à gauche et daté 92.

Haut., 46 cent.; larg., 31 cent.

15 — *Yachting.*

Signé à gauche et daté Dieppe, 91.

Haut., 46 cent.; larg., 31 cent.

16 — *Retour du Bois.*

Signé à droite et daté 91.

Haut., 24 cent.; larg., 30 cent.

17 — *La Toilette du matin.*

Signé et daté à gauche, 91.

Haut., 32 cent.; larg., 24 cent.

18 — *Danseuse*.

Signé à gauche.

Haut., 15 cent. 1/2 ; larg., 10 cent. 1/2.

19 — *Insomnie*.

Signé à droite.

Haut., 16 cent. 1/2 ; larg., 24 cent.

20 — *Le Jupon mauve*.

Esquisse.

Signé et daté à gauche, 92.

Haut., 26 cent.; larg., 18 cent.

21 — *La Lecture*.

Signé et date à gauche, 92.

Haut., 42 cent.; larg., 30 cent.

22 — *L'Arc de Triomphe*.

Esquisse.

Signé et daté à gauche, 92.

Haut., 32 cent.; larg., 24 cent.

23 — *Le Flambeau Louis XVI*.

Signé et daté à gauche, 92.

Haut., 45 cent.; larg., 32 cent.

24 — *Femme se coiffant.*

Signé à droite et daté 91.

Haut., 31 cent.; larg., 21 cent.

25 — *L'Allée des Acacias. (Avril.)*

Signé et daté à gauche, 92

Haut., 40 cent.; larg., 31 cent.

26 — *L'Aube.*

Signé à droite et daté 92.

Haut., 47 cent.; larg., 31 cent

27 — *Les Gants.*

Signé à gauche.

Haut., 48 cent.; larg., 25 cent.

28 — *Le Réveil.*

Signé à droite.

Haut., 30 cent.; larg., 44 cent.

**29 — *Effet d'automne; Bois de Bou-
logne.***

Signé à gauche et daté 92.

Haut., 26 cent.; larg., 33 cent.

30 — *L'Avenue du Bois de Boulogne; temps de pluie.*

Signé à gauche et daté 90.

Haut., 30 cent.; larg., 22 cent

31 — *La Plage (Dieppe).*

Signé à droite et daté Dieppe, 91.

Haut., 39 cent.; larg., 32 cent.

32 — *Liseuse.*

Signé à droite.

Haut., 38 cent.; larg., 31 cent.

33 — *Soleil couchant. (Entrée du Bois de Boulogne.)*

Signé et daté 91.

Haut., 45 cent.; larg., 32 cent.

34 — *Etude de dos.*

Signé à gauche.

Haut., 31 cent.; larg., 23 cent.

35 — *Inverness; Crépuscule.*

Signé à gauche et daté 93.

Haut., 20 cent.; larg., 26 cent.

36 — *Indécision.*

Signé à gauche.

Haut., 50 cent.; larg., 31 cent.

37 — *L'Allée des Acacias. (Hiver.)*

Signé à droite et daté 92.

Haut., 37 cent.; larg., 45 cent.

38 — *La Voilette.*

Signé à gauche.

Haut., 43 cent.; larg., 25 cent.

39 — *Le Quai Notre-Dame.*

Signé à droite et daté 92.

Haut., 19 cent.; larg., 28 cent.

40 — *Effet de lumière.*

Signé à droite.

Haut., 34 cent.; larg., 25 cent.

41 — *Green Bridge, Regent's Park.*

Signé à gauche et daté 93.

Haut., 18 cent ; larg., 26 cent.

42 — *Le Matin : femme se coiffant.*

Signé à droite et daté 93.

Haut., 44 cent.; larg. 30 cent.

43 — *Hyde Park.*

Esquisse.
Signé à gauche.

Haut., 21 cent.; larg., 30 cent.

44 — *La Cigarette.*

Signé à droite et daté 92.

Haut., 27 cent.; larg., 41 cent.

45 — *Le Cimetière d'Inverness.*

Signé à gauche et daté 93.

Haut., 21 cent.; larg., 27 cent.

46 — *Le Hamac.*

Signé à gauche et daté 92.

Haut., 20 cent.; larg., 30 cent.

47 — *Effet de neige.*

Signé à gauche et daté 92.

Haut., 35 cent.; larg., 27 cent.

48 — *Le Coucher.*

Esquisse.

Signé à gauche.

Haut., 31 cent.; larg., 23 cent.

49 — *La Ness à Inverness.*

Signé à gauche et daté 93.

Haut., 20 cent.; larg., 31 cent.

50 — *La Sortie.*

Signé à gauche.

Haut., 32 cent.; larg., 25 cent.

**51 — *Regent's Park. (Effet de brouil-
lard.)***

Signé à droite.

Haut., 21 cent.; larg., 31 cent.

52 — *Le Clown.*

Signé à droite.

Haut., 22 cent.; larg., 15 cent.

53 — *Au foyer.*

Signé à droite.

Haut., 55 cent.; larg., 40 cent.

54 — *Une pelouse au Trocadéro*.

Signé à gauche et daté 92.

Haut., 25 cent.; larg., 31 cent.

55 — *Le Coucher*.

Signé à gauche et daté 91.

Haut., 38 cent.; larg., 31 cent.

56 — *L'Arc de Triomphe; Dégel*.

Signé à gauche et daté 92.

Haut., 42 cent.; larg., 31 cent.

57 — *La Bottine*.

Signé à droite.

Haut., 21 cent.; larg., 17 cent.

58 — *Banlieue*.

Aquarelle et pastel.

Signé à droite.

Haut., 28 cent.; larg., 24 cent.

59 — *Rue Auber*.

Signé à droite et daté 91.

Haut., 40 cent.; larg., 26 cent.

60 — *La Petite Banque.*

Signé à gauche et daté 92.

Haut., 45 cent.; larg., 30 cent.

9 Mars 1882

COLLECTION DE M. L...

4 TABLEAUX

PEINTS PAR

F. BOUCHER

OBJETS D'ART

TABLEAUX ANCIENS ET MODERNES

MARBRES DE LANZIROTTI

MEUBLES DE STYLE

18 Belles Tapisseries

Mᵉ E. BERTHELIN | M. A. BLOCHE
COMMISSAIRE-PRISEUR | EXPERT

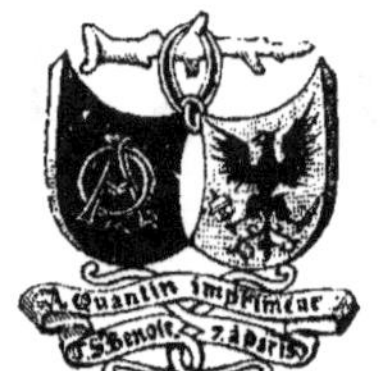
A. Quantin imprimeur
S' Benoît, 7. à Paris